大展好書　好書大展
品嘗好書　冠群可期

天人合一　与时俱进

为晨练丛书题

蔡龙云

作者簡介

　　秦子來，女，1964年2月生。1978年考入武漢體育學院運動系武術專業，1984年畢業於武漢體育學院。中國武術國家級裁判員，武術七段。現任武漢大學體育部副教授，武漢大學武術代表隊主教練，武漢市武術協會副主席，湖北省高校武術協會副秘書長，武漢市木蘭拳專業委員會主任。

　　2001年出訪芬蘭瓦薩理工大學進行太極拳講學活動。運動員期間多次參加全國武術比賽，擅長太極拳及太極劍術，並取得了優異成績。任武漢大學代表隊教練以來，多次帶隊參加國際、全國、湖北省、武漢市武術比賽，並獲得優異成績，多次參加全國重大武術比賽的裁判工作。

　　曾出版《奧運縱橫——奧運文化發展軌跡》、《二十八式木蘭拳》、《三十八式木蘭扇》、《四十八式木蘭劍》、《武術基礎理論》、《大學體育與健康》等多部著作；發表了《運動人體科學虛擬實驗系統的研製》、《中國武術的民族傳統文化內涵》、《初級長拳（第三路）難點動作教學探析》、《論體育保健教學對學生心理素質和道德修養的影響》、《湖北省武術館校學生與同齡普通中學生目標定向的比較研究》、《論普通高校體育教學管理的思路與對策》、《武術運動對學齡前兒童素質教育的影響》等20多篇論文。

前　言

　　聞雞起舞是中國人晨練的寫照，直到今天，迎著初升的朝陽，沐浴著陣陣晨風翩翩起舞仍是中國人最常見的鍛鍊身體的方法。在晨練的人群中，習武者頗多，其中練太極拳和木蘭拳的人就不少，在許多地方早已是蔚然成風。

　　武術是中國傳統文化的一部分。傳統文化既有民族性又有時代性。葉朗先生說：「傳統是一個發展的範疇，它具有由過去出發，穿過現在並指向未來的變動性……傳統並不是凝定在民族歷史之初的那些東西，傳統是一個正在發展的可塑的東西，它就在我們面前，就在作爲過去延續的現在。」武術正是這樣不停地發展變化著。如二十四式簡化太極拳就是爲了滿足人們練習的需要，在原來太極拳的基礎上刪繁就簡創編的，一經出現就受到了廣大練習者的歡迎，至今流傳已近半個世紀，早已成了較爲「年輕的傳統武術套路」了。後來的四十二式太極拳更是由各式太極拳相互融合而成，開始僅作爲運動員的比賽套路，現在也成了人們晨練的內容之一。而木蘭拳是以傳統的武術爲母本生長出來的新枝，開出的新花，爲人們所接受，已是各地晨練不可或缺的內容。作爲中國傳統文化的武術就是這樣不斷地發展者，表出出了強大的生命力，即使它的某些新的東西一時爲一些人所不理

解、不接受，但它依然發展著。

　　爲滿足廣大練習者的需要，湖北科學技術出版社決定按照國家規定套路以太極拳和木蘭拳爲內容出一套「輕鬆學武術」叢書。介紹太極拳和木蘭拳的書籍已經很多，如何創新呢？後來考慮一般武術書中的「圖中人」都是面向讀者。由於動作的方向經常變化，練習者的動作方向時而和「圖中人」動作方向相同，時而又和「圖中人」的動作方向相反。對於還不十分熟悉武術動作的初學者來說，往往感到看圖學動作較爲困難，這實際上也是編寫武術圖解長期未能解決的一個難點。我們受到在教學實踐中教師常根據學生練習時身體方向的不同，不斷地變換領做位置的教法的啓發，想到用正反兩套圖來編寫這套書，也算是一個大膽的嘗試，即是本書特色所在，希望能爲廣大讀者所接受和習慣。

　　我國著名武術家蔡龍雲先生爲這套叢書寫了「天人合一，與時俱進」的題詞，一方面點明了人們在晨練時人與大自然融爲一體的情景和對中國傳統哲學「天人合一」觀念的追求，同時也反映了武術要常練常新，不斷發展的思想。在此謹向蔡先生表示深切的謝意。湖北科學技術出版社蔡榮春編審從選題到編寫方法，直到審定，付出了大量的心血，在此一併致謝。

　　本書太極拳部分由王飛執筆，動作示範劉沛、吳雪琴；木蘭拳部分由秦子來執筆並動作示範。

溫　力　於妙齋

簡 介

　　三十八式木蘭扇是國家體育總局武術管理中心於1999年10月組織有關專家編寫的國家規定套路。在體現木蘭拳武舞結合特點的基礎上，強化了技術規範，增強了木蘭拳運動的競技性、可比性，從而促進了木蘭拳運動的普及和提高，使木蘭拳運動更加科學和規範地發展。

　　全套共由38個動作組成，其中包括各種扇法、步型、腿法等動作。整套動作內容豐富，造型優美，扇法多樣，舒展大方。

　　本書根據運動方向全套分為六段。第一段從「起勢」到「燕子探海」；第二段從「金龍穿心」到「雨打櫻花」；第三段從「順手推舟」到「雨打櫻花」；第四段從「推窗望月」到「托雲坐蓮」；第五段從「白蛇吐信」到「斜身照影」；第六段從「畫地斷水」到「收勢」。

　　全套動作編排合理，飄逸瀟灑，符合競賽規則的要求，深受國內外木蘭拳愛好者的喜愛。

看　圖　說　明

　　1.本書是以「蝴蝶頁」的形式編排的，即左邊雙數頁碼和右邊單數頁碼成爲一個整體，翻開任何一頁，均應將左右相鄰兩頁的内容連在一起看。

　　2.每一頁都有上下兩組圖，上面圖像較大的一組爲主圖，下面圖像較小的一組爲副圖。兩組圖的圖中示範者的動作完全相同，唯方向相反。主圖的示範者爲背向練習者起勢；副圖的示範者則是面向練習者起勢。

　　3.因主副圖中示範者起勢的方向相反，運動的前進方向也相反；同時由於在演練的過程中動作行進的方向經常變化，主副圖中示範者的動作前進方向也都隨之變化，所以在主副圖下方向分別標注的動作前進方向箭頭，讀者在看圖時首先要看清動作前進方向，且要注意將「蝴蝶頁」相鄰兩面要連起來看。

　　4.我們將主圖中的示範者定爲背向讀者起勢，在一般情況下，示範者的動作前進方向和練習者一致，所以以看主圖爲主。當主圖中局部動作因圖中示範者的身體遮擋而看不見或看不清時，可以參看副圖。當練習時身體動作轉體180°時，練習者再看主圖中的示範者的動作很不方便，此時副圖示範者正好背對練習者，副圖中示範者的動作前進方向和練習者一致，在這種情況下以看副圖爲主，參看主圖。注意，從副圖

上看動作的前進方向與主圖的前進方向相反，這是因爲身體動作轉體 180°所致，對於練習者來說，動作前進方向是沒有改變的。當身體動作又轉體 180°回到原來的方向時，則仍以看主圖爲主。在不同的情況下分別看主圖和副圖，就好像是在練習者身體前後各有一個示範者，在開始時隨身前的示範者的動作進行練習，當動作轉體 180°時就隨原來的身後的示範者的動作進行練習，這正是本叢書與其他武術圖解書最大的不同之處，爲讀者提供了一個來自於教學實踐的新的看圖學動作的方法，讀者只需稍加熟悉就會習慣。

5.圖中示範者身體各部位的動作由相應部位爲起點的箭頭指示，箭頭所示爲由該姿勢到下一姿勢的動作路線，左手和左腳的動作用虛線箭頭表示；右手右腳的動作用實踐頭表示。有些圖中有簡單的文字提示細微動作的做法和動作要領，學習時以看圖爲主，參看文字說明。

6.對照本叢書來觀摩其他練習者的演練也十分方便。當被觀摩者背對觀摩者起勢時，只需看主圖；當被觀摩者面對觀摩者起勢時，只需看副圖，這樣被觀摩者的前進方向及動作都和圖中人的前進方向和動作完全一致，不會因動作方向的改變而造成看圖的不便。

7.每頁圖上的「▮▮▮▮▶」爲動作前進方向，也是看圖的順序，注意不是每一頁都是從左到右看，有的是從右到左看的。另外，上、下兩排主、副圖的方向正好相反，注意動作編號相同的才爲同一動作。

目　　錄

（5）　　　（4）　　　　　　（3）

錯誤喲！

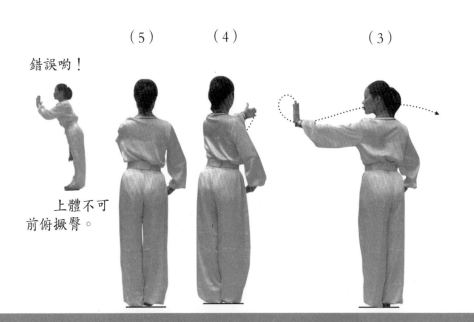

上體不可
前俯撅臀。

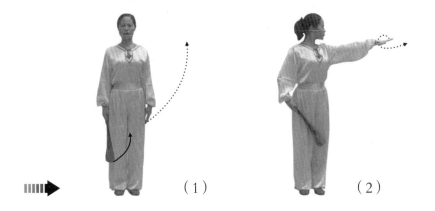

（1）　　　　　　　　（2）

【一、神龍昂首】

側擺掌與平擺掌時，要以腰帶臂左右擺動，眼視前方。

（2）

【預備勢】

身體自然放鬆，右手握扇。

（1）

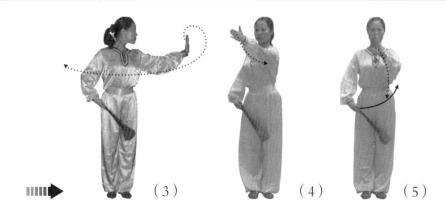

（3）　　　（4）　　　（5）

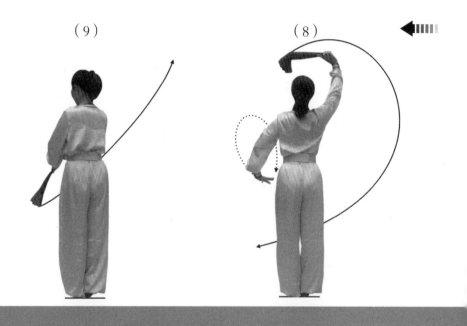

（9）　　　　　　　　　　（8）

（6）

（7）

【二、龍飛鳳舞】

兩手向外畫弧,打圓,右手握扇
自然、協調,左蹬腿時要輕起輕落。

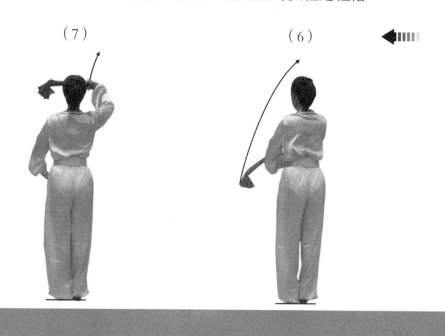

（7） （6）

（8）

（9）

（13）　　　　　　　　　　　（12）

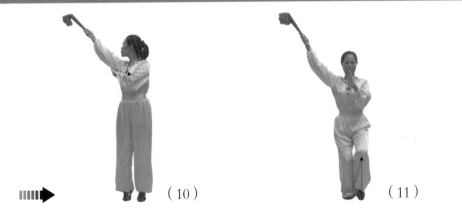

（10）　　　　　　　　　　　（11）

（11）

（10）

兩腳跟提起。

（12）

（13）

（17）　（16）

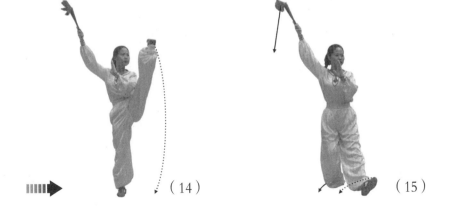

（14）　（15）

【三、燕子探海】

重心後移與穿掌協調一致,後舉腿開扇要有力度,眼視前方。

（15）

身體後右轉 90°。

（14）

左腳先繃腳尖上踢,踢上去後再勾腳尖。

（16）

（17）

（20）

錯誤喲！

要立身，
不可夾肩。

（18）

（19）

（19）

抖腕開扇。

（18）

（20）

【四、金龍穿心】

甩腕合扇要有力，穿扇要與腰的左右轉動相配合，弓步架扇、推掌要同時完成。

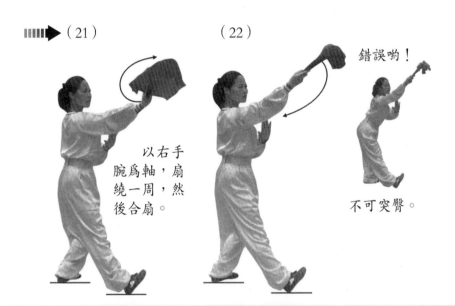

▶（21）　　　　　　（22）

以右手腕為軸，扇繞一周，然後合扇。

錯誤喲！

不可突臀。

（24）　　　　　　（23）◀

（23）

（24）

（22）

（21）

（25）　　　　　　　　　　（26）

（28）　　　　　　　　　　（27）

【五、推雲播雨】

蹬腿動作要連貫，上體要
保持正直，上步撩扇要協調。

（27）

（28）

（26）

（25）

（29）

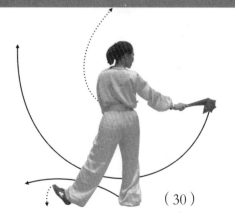

（30）

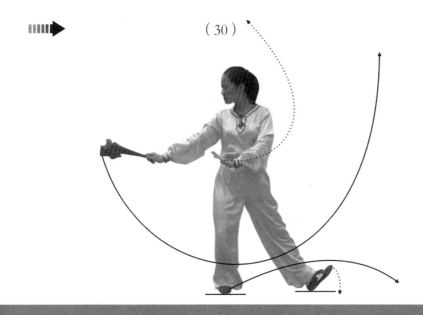

（30）

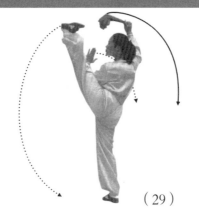

（29）

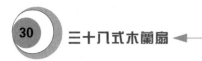

【六、風捲殘葉】

　　轉身帶扇平穩、連貫，
碾轉腳步要自然，叉步斜上
方擺扇，眼隨扇走。

（31）

（32）

身體向左後轉180°。

（34）

（33）

（33） （34）

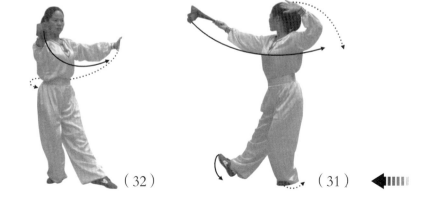

（32） （31）

（35） （36）

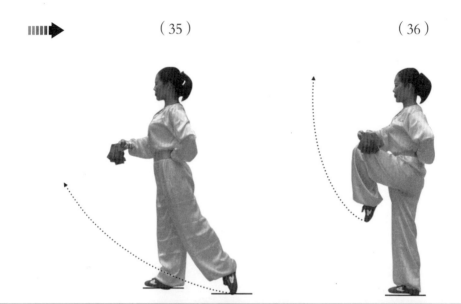

（39） （38） （37）

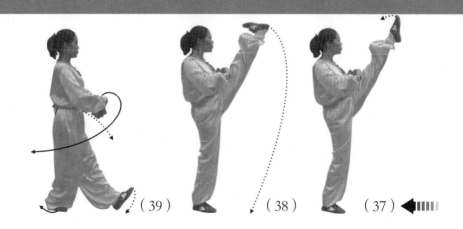

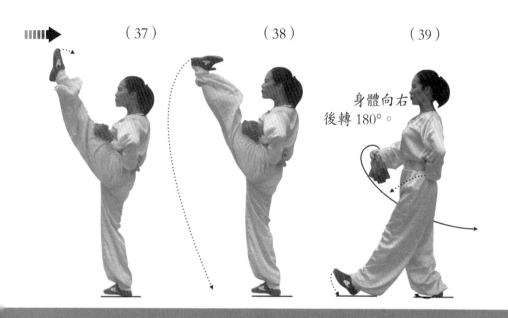

（37）　　　（38）　　　（39）

身體向右
後轉 180°。

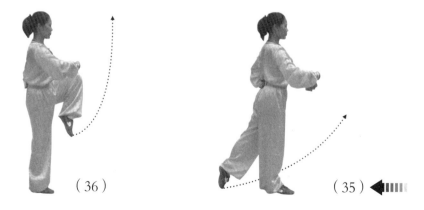

（36）　　　　　　　　（35）

（40）　　　　　　　　　　　（41）

（43）　　　　　　　　　　　（42）

【七、神女揮扇】

上步開扇必須與轉身、擺頭同時完成，開扇甩腕。

（42）　　　　　　　　　　　　　（43）

抖腕開扇。

（41）　　　　　　　　　　　　　（40）

【八、揮舞彩扇】

　　以腕為軸旋腕雲扇，兩手配合協調，整個動作要旋轉自然、連貫、圓活、飄灑。

（44）　　　　　　　　　（45）

以腕為軸平
扇向內旋轉，右
手心向上。

身體向
左轉 90°，
右腳蓋步。

（47）　　　　　　　　　（46）

（46）

（47）　　錯誤喲！

身體向左
轉180°，右手
心向上雲扇。

不要撅臀。

（45）　　（44）

（48）　　　　　　　　　（49）

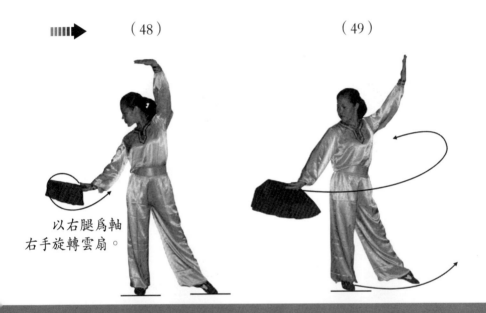

以右腿爲軸
右手旋轉雲扇。

（51）

（50）

【九、撥雲見日】

　　旋腕雲扇要以腰帶動，抱扇動作不要太小，不可凸臀。

（50）

（51）

兩手以腕為軸，向右旋腕雲扇。

以腕為軸，在頭前向右雲扇。

（49）

（48）

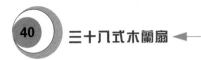
【十、彩雲飄蕩】

以臂帶腕雲扇，
不可聳肩、抬肘。

（52）

（53）

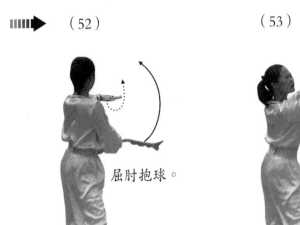

屈肘抱球。

以腕爲軸，
向右雲轉扇。

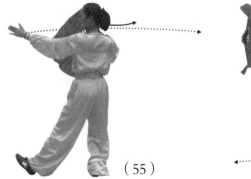

（55）

（54）

【十一、犀牛別宮】

轉身背扇動作要連貫、圓活，後舉腿與轉腰、擺頭、亮掌要同時完成。

（54）

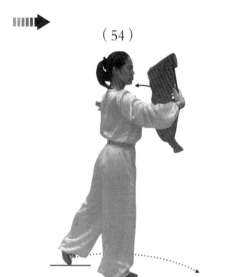

（55）

身體向右後轉 180°。

（53）

（52）

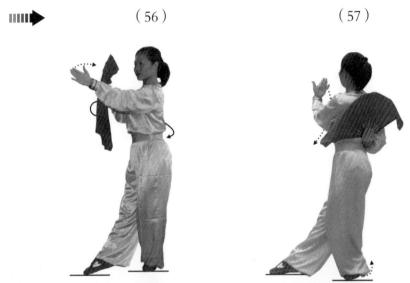

（56） （57）

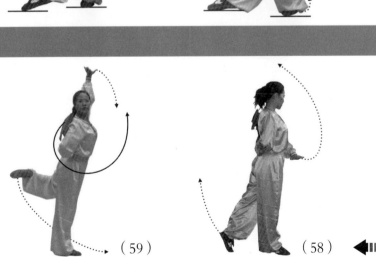

（59） （58）

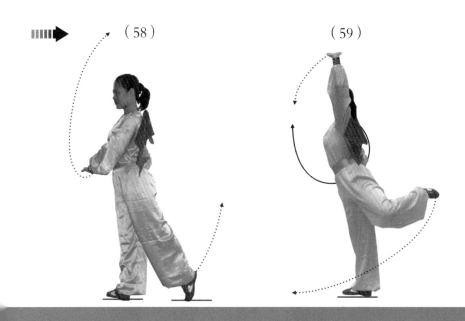

（58）　　　　　　　（59）

（57）

（56）

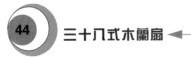

【十二、仙人指路】

扣步轉體,平擺扇,要柔和平穩,
立身提扇要挺拔。

▌▌▌▶ （60）

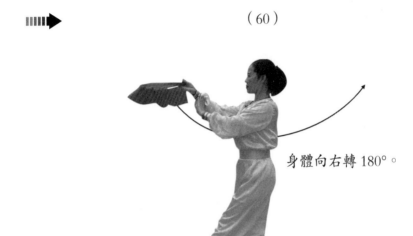

身體向右轉180°。

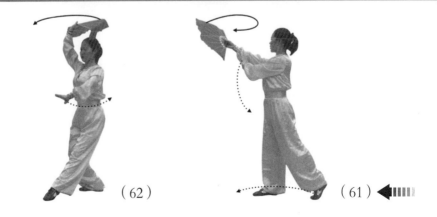

（62）　　　　　　（61）◀▌▌▌

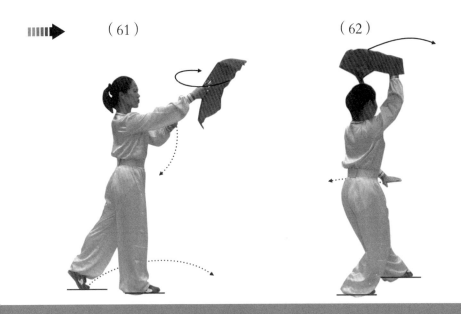

（61）　　（62）

（60）

（63）　　　　　　　　　（64）

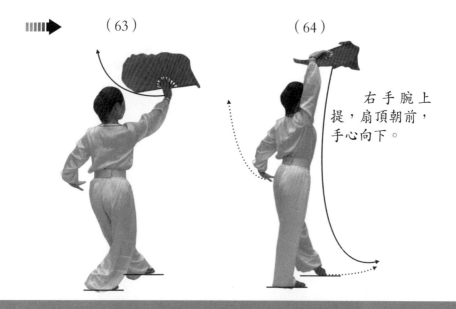

右手腕上
提，扇頂朝前，
手心向下。

（65）

【十三、飛燕捕蝶】

　　扇面隨身體下降向前穿出，坐蓮步前伸腿微直，膝蓋不可著地。

（65）

錯誤喲！

不可屈臂、
弓腰，臀部要坐
在小腿上。

（64）

（63）

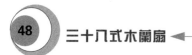
【十四、雨打櫻花】

上步抱扇協調一致，扣擺步重
心要平穩，轉身合扇要有力度。

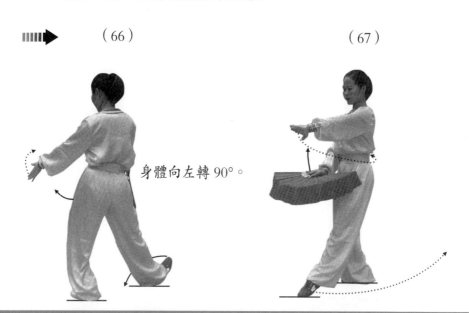

（66）　　　　　　　　　　　（67）

身體向左轉 90°。

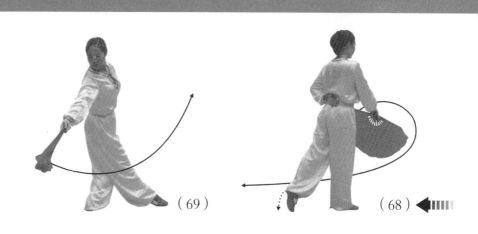

（69）　　　　　　　　　　（68）

（68）　　　　　　　　　　　　　　（69）

重心後移，
右手向右後下方
合扇。

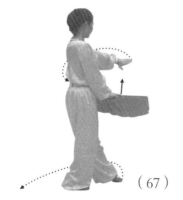

（67）

（66）

【十六、鳳凰展翅】

　　轉身踢腿與開扇要協調
一致，開扇要乾脆有力，
注意上體不要後仰。

（73）　　　　　　　　（72）

右手向左
腳方向開扇。

（70）　　　　　（71）

【十五、順水推舟】

重心前移，送扇和下擺
扇要輕鬆自如、連貫協調。

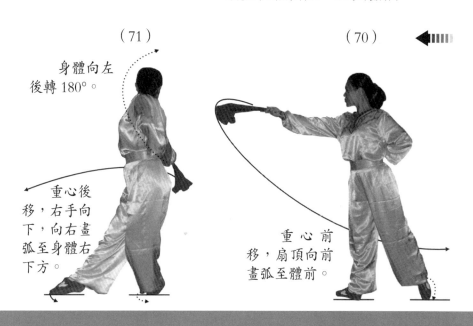

（71）

身體向左
後轉 180°。

重心後
移，右手向
下，向右畫
弧至身體右
下方。

（70）

重心前
移，扇頂向前
畫弧至體前。

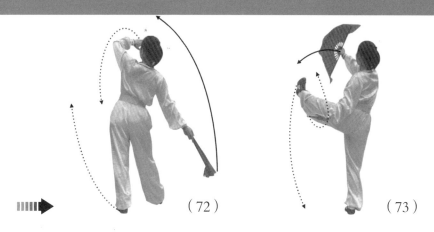

（72）

（73）

（77）

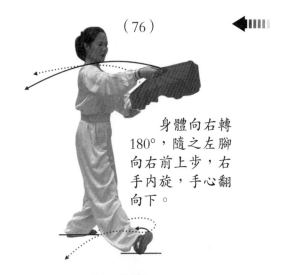

（76）

身體向右轉
180°，隨之左腳
向右前上步，右
手內旋，手心翻
向下。

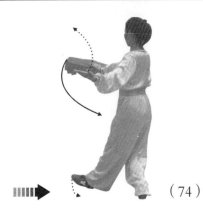

（74）

（75）

【十七、右倒捲珠簾】

上步與穿扇、穿掌、擺扇、撩扇、背扇，整個過程以腰帶動四肢，步法要輕靈，上下肢協調配合，動作要連貫、輕柔、飄灑。

（75）

（74）

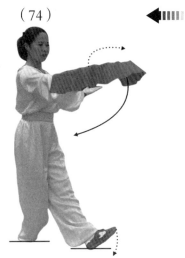

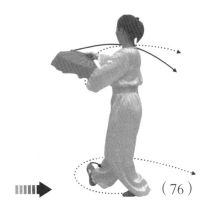

（76）

（77）

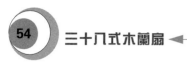
【十八、左倒捲珠簾】

要點同右倒捲珠簾
動作。

（81）　　　　　　　　　　（80）

左手內旋，
手心朝外立掌向
前推出。

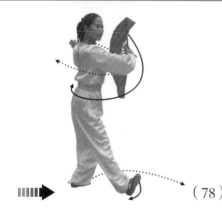

（78）

（79）

（79）　　　（78）

兩手隨身體
向右平擺，右手
擺至右腰背後。

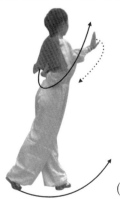

（80）　　　（81）

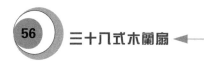
【十九、美女獻扇】

上步與合扇要點同時
完成，重心前移與開扇同
時完成，開扇要有力度。

（85）　　　　　　　（84）

向右側合扇。

身體向
左轉 90°。

（82）　　　　　　　（83）

（83）　　　　　　　　　　　　　（82）

身體向左轉90°。

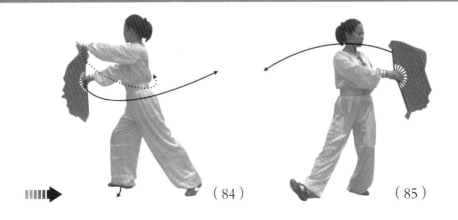

（84）　　　　　　　　　　　　　（85）

（88）

（86）

（87）

（87）　　　　　　（86）

向右前
上方開扇。

（88）

（92）　　　　　　　　　（91）

十字手，
右手在內，
左手在外。

（89）　　　　　　　　　（90）

【二十、雪浪翻滾】

轉體平擺掌,臂要直,上步十字手合抱,插步拉扇協調一致,架掌與虛步撩扇要同時完成。

（90）　　　　　　　　　　（89）

上右腳,身體向左轉 90°。

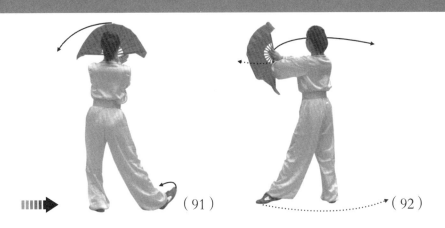

（91）　　　　　　　　　　（92）

（95）

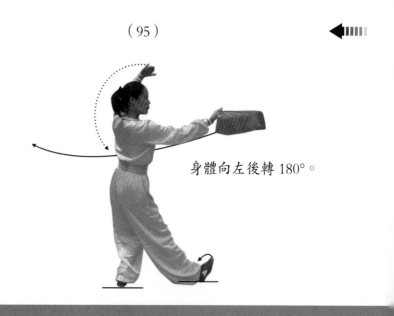

身體向左後轉180°。

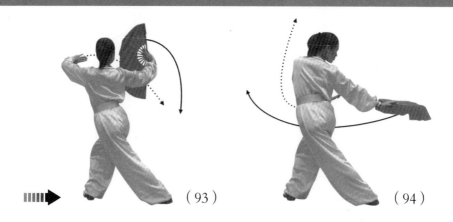

（93）

（94）

錯誤喲！

（94）

（93）

上體不可下壓，不可撅臀。

（95）

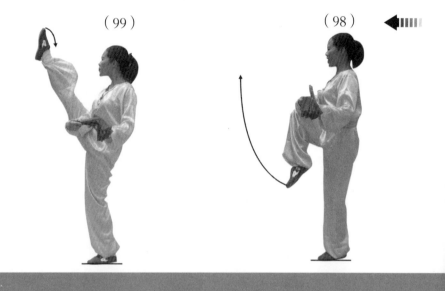

（99）　　　　　　　（98）

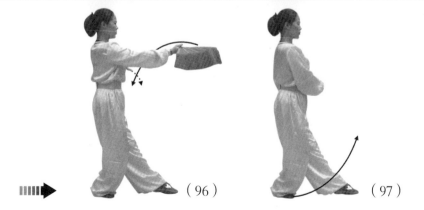

（96）　　　　　　　（97）

【二十一、敦煌飛壁】

轉身要平穩，合扇要有力，重心的前後移動與扇前後擺動要協調配合，後舉腿亮掌，開扇、擺頭要配合完成。

（97）

（96）

右手向左合扇。

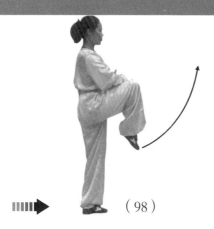

（98）

（99）

（102）

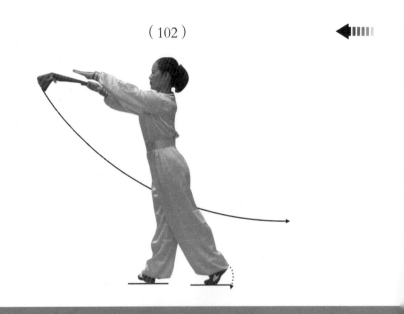

（100）

（101）

（101） （100）

（102）

【二十二、仙童摘果】

落步托扇動作要同時
完成。

（106）　（105）

以右腿為軸，
身體向左轉 45°，
翻扇後推扇。

（103）　（104）

（104）　　　　　　　　（103）

右手平行開
扇，手心向上。

（105）　　　　　　　　　　（106）

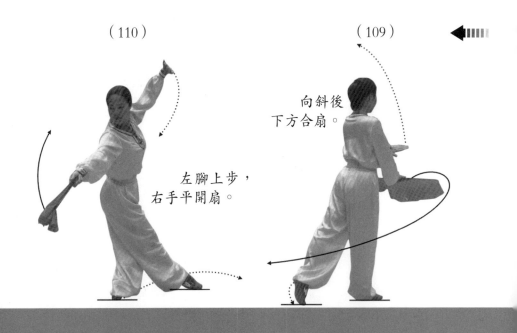

（110）

（109）

向斜後
下方合扇。

左腳上步，
右手平開扇。

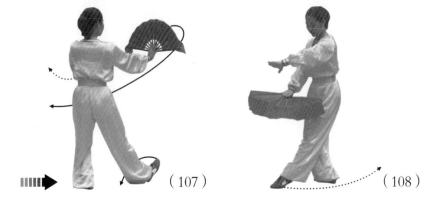

（107）

（108）

【二十三、雨打櫻花】

後坐架掌合扇要協調
一致，合扇要有力度。

（108）　　　　　　　　　　（107）

身體向左轉 180°。

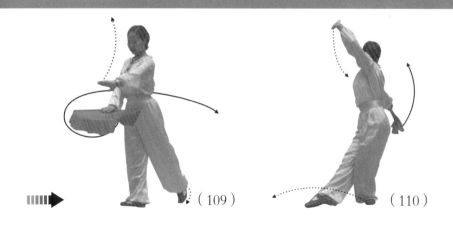

（109）　　　　　　　　　　（110）

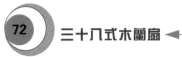
【二十四、推窗望月】

向斜方上步，兩
臂平擺向前方推掌，
隨腰而動推掌出去。

（111）　　　　　　　　（112）

（114）

（113）

（113）

（114）

（112）

（111）

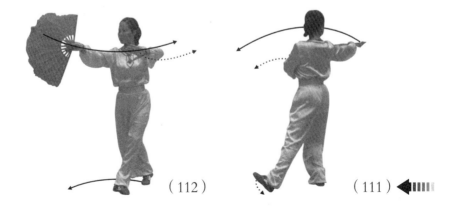

【二十五、倒捲珠簾】

退步與旋臂穿掌要協調一致，扇面要平，重心要後移。

（115）

左手經右手心上，向前穿出。

（116）

身體向左後轉 180°。

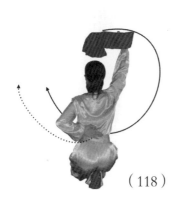

（118）

（117）

【二十六、托雲坐蓮】

坐蓮步要全蹲，翻
腕架扇在頭上。

（117）

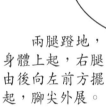

（118）

兩腿蹬地，
身體上起，右腿
由後向左前方擺
起，腳尖外展。

右腳跟提起。

（116）

（115）

【二十七、白蛇吐信】

擺腿抱扇要協調一致，上步轉
身下擺掌和弓步擺掌幅度要大，勾
踢、架掌、穿扇要整體配合完整。

（119）

身體向右
轉 90°，右腳
腳跟著地。

（120）

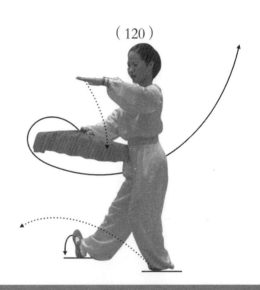

（121）

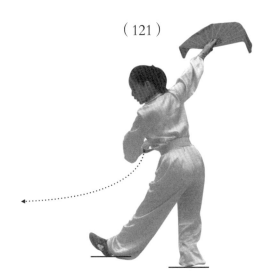

（121）

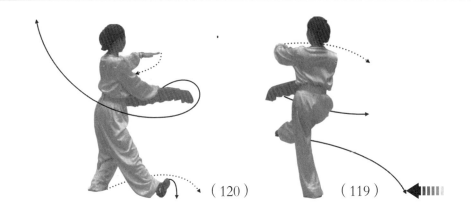

（120）

（119）

錯誤喲！

（122）

（123）

眼視手
方向，上體
不可前俯。

（125）

（124）

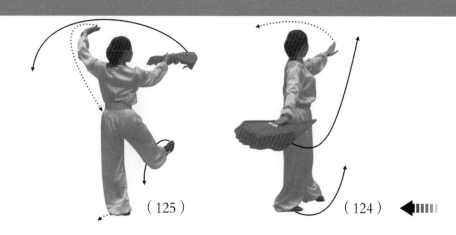

（124）　　　　　　（125）

身體向左轉180°。

（123）　　　　（122）

（128）　　　　　　　　（127）

（126）

【二十八、頑童探路】

擺扣步要平穩，擺扇、
前扇與穿掌要協調一致。

（126）

（127）　　　　　　　　　　（128）

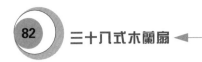

【三十、斜身照影】

　　抬腿、蹬腿要緩慢，支撐腿
要直，落步，重心前移與推架掌
要協調完整，身體要直立。

（132）　　　　　　　　　　（131）

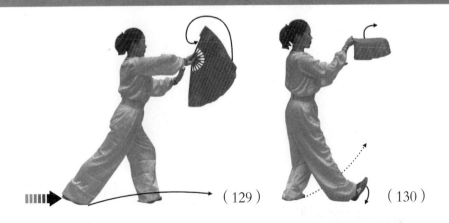

（129）　　　　　　　　（130）

【二十九、撥雲見日】

旋腕翻扇，要靈活自如。

（130）　　　　　　　（129）

以腕為軸，
右手在額上方雲
扇一圈。

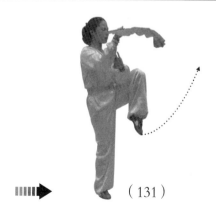

（131）　　　　　　　（132）

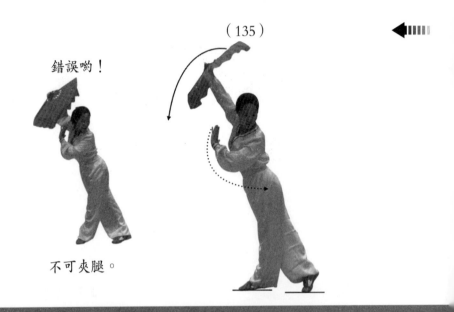

（135）

錯誤喲！

不可夾腿。

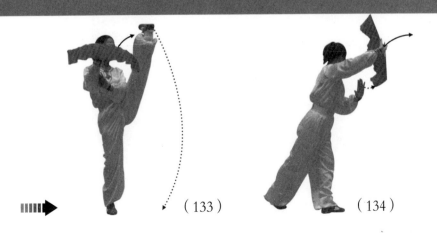

（133）

（134）

（134）　　　　　　　　　（133）

右手向前
上推扇，目視
左下方。

右手腕
向內雲扇，
手心朝外。

（135）

【三十一、書地斷水】

蓋步撩扇和虛步托扇，轉身掄臂擺扇要立圓，重心後移要提扇，歇步亮掌要與合扇一起完成，合扇要有力度。

（136）

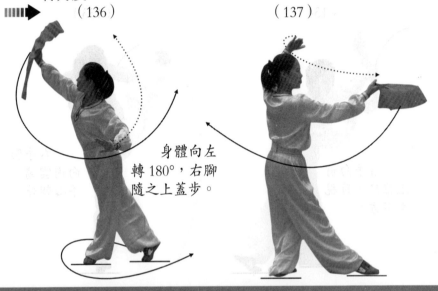

身體向左轉180°，右腳隨之上蓋步。

（137）

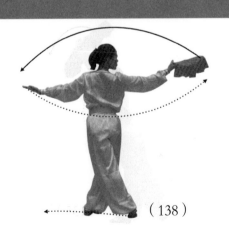

（138）

（138）

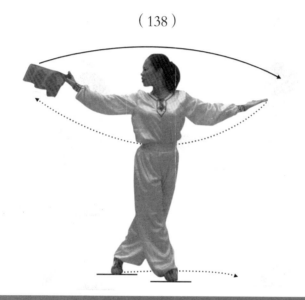

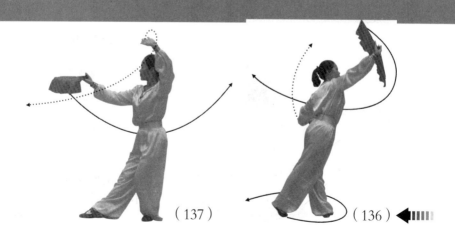

（137）

（136）

（139）　　　　　　　（140）

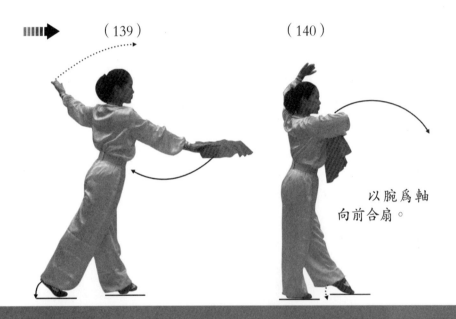

以腕爲軸
向前合扇。

錯誤喲！

（141）

兩膝要交叉，
不可鬆散。

（141）

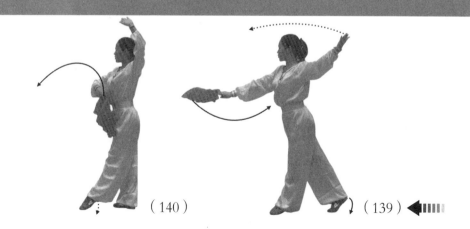

（140）

（139）

【三十二、金龍出海】

　　掄臂要放鬆，踢腿開
扇要抖腕，腿高於胸。

（142）

（143）

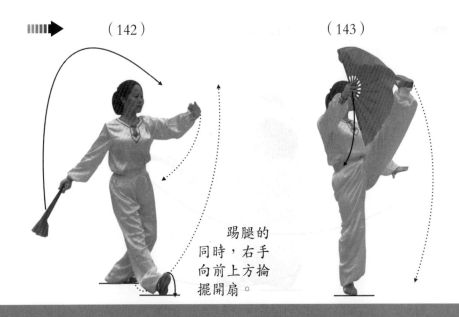

踢腿的
同時，右手
向前上方掄
擺開扇。

（145）

（144）

【三十三、平掃金光】

落步轉身分扇，退步畫弧形，重心後移成虛步。

（144）

（145）

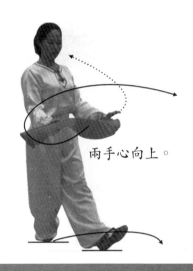

兩手心向上。

（143）

（142）

（146） （147） （148）

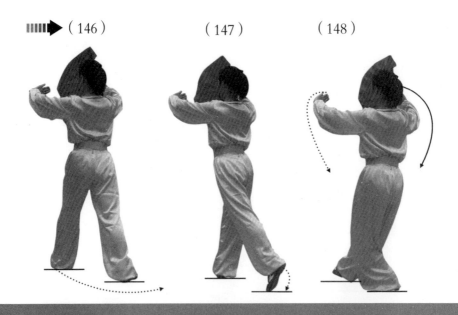

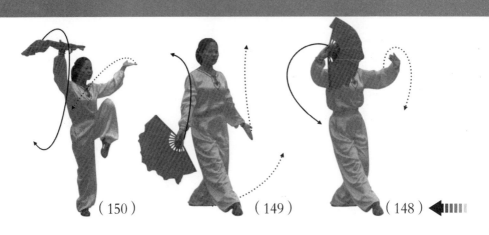

（150） （149） （148）

【三十四、鳳凰出巢】

重心前移提膝托扇，要連貫協調，兩手不能開得太大。

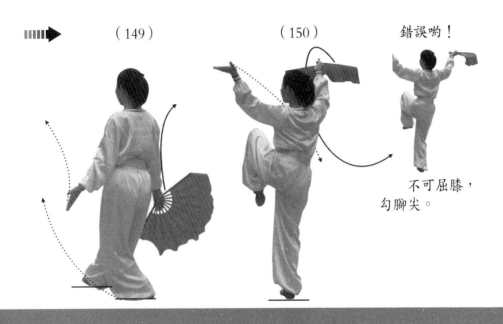

（149）　　　（150）　　　錯誤喲！

不可屈膝，
勾腳尖。

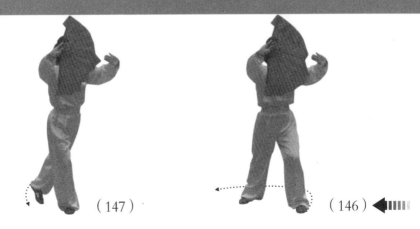

（147）　　　（146）

【三十五、喜鵲登枝】

擺扇上架，按掌、蹬腿
和擰身，直立要同時完成。

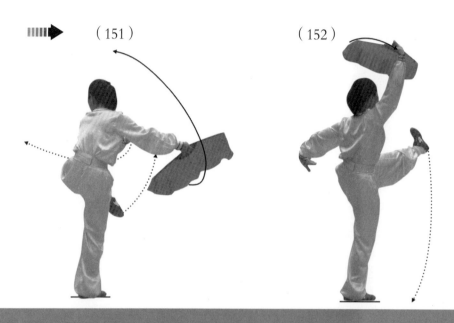

（151）　　　　　　　　（152）

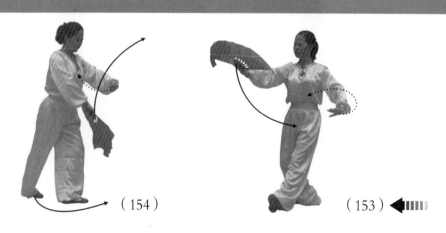

（154）　　　　　　　　（153）

【三十六、外劈華山】

　　輕落步按扇，上步
轉身合扇要有力度。

（153）　　　　　　　　　　　　　（154）

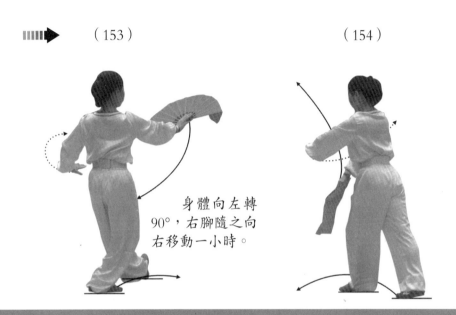

身體向左轉
90°，右腳隨之向
右移動一小時。

（152）　　　　　　　　　　（151）

【三十七、回頭望月】

歇步、開扇、回頭
要同時完成，兩腿要交
叉重疊，眼視前方。

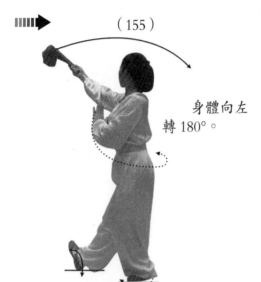

（155）

身體向左
轉 180°。

（156）

（158）

（157）

（157）

（158）

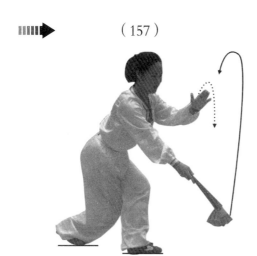

以腕爲軸，
右手內旋翻扇一
圈。

兩腿屈膝全蹲，
右手向右上方開扇。

（156）

（155）

【三十八、外劈華山】

上步、丁步合扇有力。

（159）　　　（160）

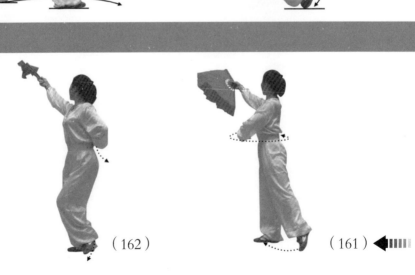

（162）　　　（161）

（161）　　　　　　　　　（162）

右手抖腕合扇。

（160）　　　　　　　　　（159）

【收　勢】

上步舉扇，併步下按，身體自然直立。

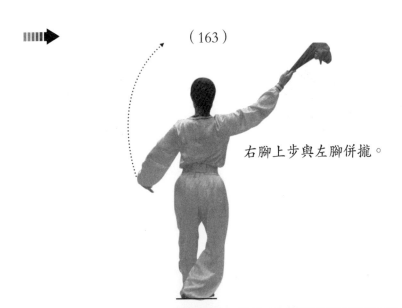

（163）

右腳上步與左腳併攏。

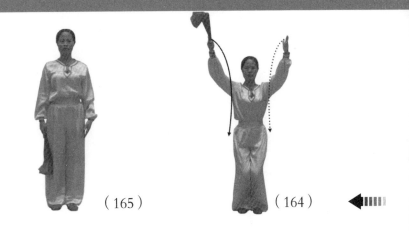

（165）

（164）

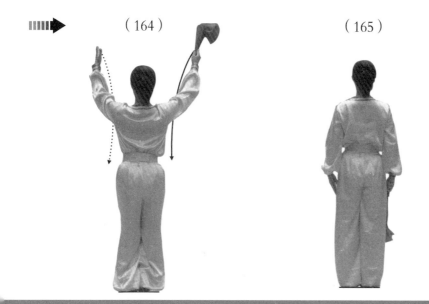

（164） （165）

（163）

　　溫力，男，河北省蠡縣人，漢族，1943 年 11 月
生。1967 年畢業於武漢體育學院，1981 年武漢體育學
院研究生畢業留校任教。現任武漢體育學院武術系教
授。1985 年獲教育學碩士學位，是中國第一批獲得碩
士學位的武術專業工作者之一。自幼隨父母（中國著
名的武術界前輩）溫敬銘、劉玉華兩位教授學習武
術，有堅實的武術技術和理論基礎。多年來從事武術
教學工作，對武術基礎理論有較深入的研究，多次擔
任國內外重大比賽的武術裁判。

導引養生功

1 疏筋壯骨功+VCD

定價350元

2 導引保健功+VCD

定價350元

3 頤身九段錦+VCD

定價350元

4 九九還童功+VCD

定價350元

5 舒心平血功+VCD

定價350元

6 益氣養肺功+VCD

定價350元

7 養生太極扇+VCD

定價350元

8 養生太極棒+VCD

定價350元

9 導引養生形體詩韻+VCD

定價350元

10 四十九式經絡動功+VCD

定價350元

張廣德養生著作　每冊定價 350 元

全系列為彩色圖解附教學光碟

輕鬆學武術

1 二十四式太極拳+VCD

定價250元

2 四十二式太極拳+VCD

定價250元

3 八式十六式太極拳+VCD

定價250元

4 三十二式太極劍+VCD

定價280元

5 四十二式太極劍+VCD

定價250元

彩色圖解太極武術

1 太極功夫扇
定價220元

2 武當太極劍
定價220元

3 楊式太極劍
定價220元

4 楊式太極刀
定價220元

5 二十四式太極拳＋VCD
定價350元

6 三十二式太極劍＋VCD
定價350元

7 四十二式太極劍＋VCD
定價350元

8 四十二式太極拳＋VCD
定價350元

9 楊式十六式太極劍拳
定價350元

10 楊氏二十八式太極拳＋VCD
定價350元

11 楊式太極拳四十式＋VCD
定價350元

12 陳式太極拳五十六式＋VCD
定價350元

13 吳式太極拳五十六式＋VCD
定價350元

14 精簡陳式太極拳八式十六式
定價220元

15 精簡吳式太極拳三十六式 拳架‧推手
定價220元

16 夕陽美功夫扇
定價220元

17 綜合四十八式太極拳＋VCD
定價350元

18 三十二式太極拳 四段
定價220元

19 楊式三十七式太極拳＋VCD
定價350元

20 楊氏五十一式太極劍＋VCD
定價350元

21 嫡傳楊家太極拳精練二十八式
定價220元

養生保健 古今養生保健法 强身健體增加身體免疫力

1 醫療養生氣功

醫療養生氣功
定價250元

2 中國氣功圖譜

中國氣功圖譜
定價250元

3 少林醫療氣功精粹

少林醫療氣功精粹
定價250元

4 龍形實用氣功

龍形實用氣功
定價220元

5 魚戲增視强身氣功

魚戲增視强身氣功
定價220元

7 道家玄牝氣功

道家玄牝氣功
定價200元

8 仙家秘傳祛病功

仙家秘傳祛病功
定價160元

9 少林十大健身功

少林十大健身功
定價180元

10 中國自控氣功

中國自控氣功
定價250元

11 醫療防癌氣功

醫療防癌氣功
定價250元

12 醫療强身氣功

醫療强身氣功
定價250元

13 醫療點穴氣功

醫療點穴氣功
定價250元

14 中國八卦如意功

中國八卦如意功
定價180元

15 正宗馬禮堂養氣功

正宗馬禮堂養氣功
定價420元

16 秘傳道家筋經內丹功

秘傳道家筋經內丹功
定價300元

17 三元開慧功

三元開慧功
定價250元

18 防癌治癌新氣功

防癌治癌新氣功
定價180元

19 禪定與佛家氣功修煉

禪定與佛家氣功修煉
定價200元

20 顛倒之術

顛倒之術
定價360元

21 簡明氣功辭典

簡明氣功辭典
定價360元

22 八卦三合功

八卦三合功
定價230元

23 朱砂掌健身養生功

朱砂掌健身養生功
定價250元

24 抗老功

抗老功
定價230元

25 意氣按穴排濁自療法
意氣按穴排濁自療法
定價250元

27 健身祛病小功法

健身祛病小功法
定價200元

28 張氏太極混元功

張氏太極混元功
定價250元

29 中國璇密功

中國璇密功
定價250元

30 中國少林禪密功

中國少林禪密功
定價200元

31 郭林新氣功

郭林新氣功
定價400元

32 八卦之源與健身養生

八卦之源與健身養生
定價280元

33 現代原始氣功1

現代原始氣功1
定價400元

34 養生開脈太極

養生開脈太極
定價300元

35 通靈功—養生祛病及入門功法

通靈功—養生祛病及入門功法
定價300元

太極跤

1 太極防身術
定價300元

2 擒拿術
定價280元

3 中國式摔角
定價350元

簡化太極拳

1 陳式太極拳十三式
定價200元

2 楊式太極拳十三式
定價200元

3 吳式太極拳十三式
定價200元

4 武式太極拳十三式
定價200元

5 孫式太極拳十三式
定價200元

6 趙堡太極拳十三式
定價200元

原地太極拳

1 原地綜合太極二十四式
定價220元

2 原地活步太極四十二式
定價200元

3 原地簡化太極拳二十四式
定價200元

4 原地太極拳十二式
定價200元

5 原地青少年太極拳二十二式
定價220元

6 原地兒童太極拳十種十六式
定價180元

健康加油站

1 糖尿病預防與治療
糖尿病 預防與治療
定價200元

2 胃部機能與強健
胃部
定價180元

3 不孕症治療
不孕症治療
定價200元

4 簡易醫學急救法
簡易 醫學急救法
定價200元

5 肥胖健康診療
肥胖 健康診療
定價200元

6 肝功能健康診療
肝功能 健康診療
定價200元

7 高血壓健康診療
高血壓 健康診療
定價200元

8 高血糖值健康診療
高血糖值健康診療
定價200元

9 尿酸值健康診療
尿酸值 健康診療
定價200元

10 膽固醇中性脂肪健康診療
膽固醇 中性脂肪 健康診療
定價200元

11 痛風劇痛消除法
痛風 劇痛消除法
定價180元

12 三溫暖健康法
三溫暖 健康法
定價180元

13 手‧腳病理按摩
手腳 病理按摩
定價180元

14 B型肝炎預防與治療
B型肝炎 預防與治療
定價180元

15 吃得更漂亮、健康
吃得更漂亮 健康
定價180元

16 茶使您更健康
茶 使您更健康
定價180元

17 圖解常見疾病運動療法
圖解常見疾病 運動療法
定價180元

18 科學健身改變亞健康
科學健身 改變亞健康
定價180元

19 簡易萬病自療保健
簡易 萬病自療 保健
定價220元

20 王朝秘藥媚酒
王朝秘藥媚酒
定價180元

21 立見實效保健操
立見實效 保健操
定價180元

22 越吃越幸福
越吃越性福
定價200元

23 荷爾蒙與健康
荷爾蒙與健康
定價180元

運動精進叢書

1 怎樣跑得快

定價200元

2 怎樣投得遠

定價180元

3 怎樣跳得遠

定價180元

4 怎樣跳的高

定價180元

5 高爾夫揮桿原理

定價220元

6 網球技巧圖解

定價220元

7 排球技巧圖解

定價230元

8 沙灘排球技巧圖解

定價230元

9 撞球技巧圖解

定價230元

10 籃球技巧圖解

定價220元

11 足球技巧圖解

定價230元

12 羽毛球技巧圖解

定價220元

13 乒乓球技巧圖解

定價220元

14 曲線球與飛碟球

定價300元

15 街頭花式籃球

定價280元

16 精彩高爾夫

定價330元

17 巴西青少年足球訓練方法

定價230元

快樂健美站

1 柔力健身球

定價280元

2 自行車健康享瘦

定價280元

3 跑步鍛鍊走路減肥

定價280元

4 創造健康的肌力訓練

定價220元

5 舒適超級伸展體操

定價280元

6 水中有氧運動

定價280元

7 雕塑完美身材

定價280元

8 創造超級兒童

定價280元

9 使頭腦變聰明

定價280元

10 防止老化的身體改造訓練

定價280元

11 三個月塑身計畫

定價280元

12 懶人族瑜伽

定價280元

13 忙裡偷閒練瑜伽基礎篇

定價240元

14 忙裡偷閒練瑜伽祛病養生篇

定價240元

15 健身跑激發身體的潛能

定價200元

16 中華鐵球健身操

定價180元

17 彼拉提斯健身寶典

定價280元

18 全身保健操＋VCD

定價280元

19 瑜伽美姿美容

定價180元

20 豐胸做自信女人

定價200元

21 輕鬆瑜伽治百病

定價280元

22 瑜伽秀體小品

定價280元

常見病藥膳調養叢書

1 脂肪肝四季飲食 定價200元

2 高血壓四季飲食 定價200元

3 慢性腎炎四季飲食 定價200元

4 高脂血症四季飲食 定價200元

5 慢性胃炎四季飲食 定價200元

6 糖尿病四季飲食 定價200元

7 癌症四季飲食 定價200元

8 痛風四季飲食 定價200元

9 肝炎四季飲食 定價200元

10 肥胖症四季飲食 定價200元

11 膽囊炎、膽石症四季飲食  定價200元

傳統民俗療法

1 神奇刀療法 定價200元

2 神奇拍打療法 定價200元

3 神奇拔罐療法 定價200元

4 神奇艾灸療法 定價200元

5 神奇貼敷療法 定價200元

6 神奇薰洗療法 定價200元

7 神奇耳穴療法 定價200元

8 神奇指針療法 定價200元

9 神奇藥酒療法 定價200元

10 神奇藥茶療法 定價200元

11 神奇推拿療法  定價200元

12 神奇止痛療法 定價200元

13 神奇天然藥食物療法 定價200元

14 神奇新穴療法 定價200元

15 神奇小針刀療法 定價200元

16 神奇刮痧療法 定價200元

品冠文化出版社

太極武術教學光碟

 **太極功夫扇**
五十二式太極扇
演示：李德印 等
(2VCD)中國

 **夕陽美太極功夫扇**
五十六式太極扇
演示：李德印 等
(2VCD)中國

 **自然太極拳81式**
演示：祝大彤
內功篇(2VCD)、
技擊篇(2VCD)、
篇養生篇(2VCD)

 **太極內功解秘**
演示：祝大彤
(2VCD)中國

  **陳氏太極拳及其技擊法**
演示：馬虹(10VCD)中國
推手技巧及功力訓練
演示：馬虹(4VCD)中國

 **楊氏太極拳**
演示：楊振鐸
(6VCD)中國

**本公司還有其他武術光碟
歡迎來電詢問或至網站查詢
電話：02-28236031
網址：www.dah-jaan.com.tw**

原版教學光碟

國家圖書館出版品預行編目資料

三十八式木蘭扇（附 VCD）／秦子來　編著
　　——初版，——臺北市，大展，2008〔民 97・01〕
　　面；21 公分，——（輕鬆學武術；7）
　　ISBN　978－957－468－582－0（平裝附影音光碟）
　1. 拳術　2. 中國
528.97　　　　　　　　　　　　　　　　96021679

三十八式木蘭扇（附 VCD）

編　　著／秦 子 來　　　ISBN　978－957－468－582－0
責任編輯／李 荷 君
發 行 人／蔡 森 明
出 版 者／大展出版社有限公司
社　　址／台北市北投區（石牌）致遠一路 2 段 12 巷 1 號
電　　話／（02）28236031・28236033・28233123
傳　　眞／（02）28272069
郵政劃撥／01669551
網　　址／www.dah-jaan.com.tw
E－mail／service@dah-jaan.com.tw
登 記 證／局版臺業字第 2171 號
承 印 者／傳興印刷有限公司
裝　　訂／建鑫裝訂有限公司
排 版 者／弘益電腦排版有限公司
授 權 者／湖北科學技術出版社
初版 1 刷／2008 年（民 97 年）1 月

　　　　　　　　　　　　　　　定　價／250 元